O mistério das jabuticabas

O mistério das jabuticabas

Tieloy

FEB

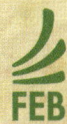

Copyright © 2013 *by*
FEDERAÇÃO ESPÍRITA BRASILEIRA – FEB

1ª edição – 1ª impressão – 1 mil exemplares – 7/2014

ISBN 978-85-7328-957-2

Todos os direitos reservados. Nenhuma parte desta publicação pode ser reproduzida, armazenada ou transmitida, total ou parcialmente, por quaisquer métodos ou processos, sem autorização do detentor do *copyright*.

FEDERAÇÃO ESPÍRITA BRASILEIRA – FEB
Av. L2 Norte – Q. 603 – Conjunto F (SGAN)
70830-106 – Brasília (DF) – Brasil
www.feblivraria.com.br
editorial@febnet.org.br
+55 61 2101 6198

Pedidos de livros à FEB
Gerência comercial - Rio de Janeiro
Tel.: (21) 3570 8973/ comercialrio@febnet.org.br
Gerência comercial - São Paulo
Tel.: (11) 2372 7033/ comercialsp@febnet.org.br
Livraria - Brasília
Tel.: (61) 2101 6161/ falelivraria@febnet.org.br

Texto revisado conforme o Novo Acordo Ortográfico.

Dados Internacionais de Catalogação na Publicação (CIP)
(Federação Espírita Brasileira – Biblioteca de Obras Raras)

T562m   Tieloy, 1935-

         O mistério das jabuticabas / Tieloy; [Ilustrações: Bruno Azevedo]. 1.ed. 1.imp. - Brasília: FEB, 2014.

         37 p.; il. color.; 21cm

         ISBN 978-85-7328-957-2

         1. Literatura infantil espírita. 2. Azevedo, Bruno. I. Federação Espírita Brasileira. II. Título.

CDD 028.5
CDU 087.5
CDE 81.00.00

Este livrinho é dedicado a todos os ambientalistas que, enfrentando as maiores dificuldades, lutam para preservar a natureza, protegendo assim este planeta maravilhoso que o Senhor Jesus preparou a fim de nos dar abrigo.

Ao pensarmos nesses heróis, quando a noite nos traz o silêncio, podemos ouvir, com os ouvidos da alma, os homens de bem aplaudindo-os com entusiasmo.

Tieloy

O cateto[1] estava debaixo de um pé de jabuticabas fuçando o chão à procura de alguma fruta para comer e nem percebeu que uma arara o vigiava. Só deu conta da ave quando ela gritou:

— Ahaaa! te peguei! Ladrão! Você roubou as jabuticabas! Comeu todas elas!

O cateto, assustado, caiu de frente e encheu a boca de terra.

— Eu? Mas eu não roubei nada! Não sou ladrão! — protestou ele, cuspindo um bocado de folhas secas misturadas com terra.

— É sim! Comeu todas! Até as que estavam nos galhos mais altos!

— Ora, sua arara bobinha, porcos não sobem em árvores. Como é que eu ia comer as jabuticabas? Eu costumo comer sim, mas só as que caem no chão!

---
[1] Cateto é uma espécie de porco-do-mato.

A arara entortou a cara e admitiu:

— Tá certo. Então você não é o ladrão, mas então quem foi que roubou as jabuticabas?

— Sei lá! Só sei que aqui não há jabuticaba alguma; não tem nada pra roubar. Por que você não vai procurar a sua turma e me deixa em paz? Pare de me assustar!

— Eu vou mais é procurar o rei. Alguém roubou as jabuticabas e isso não pode ficar assim! E tem mais uma coisa: bobinho é você!

E a arara partiu em direção à Clareira do Jatobazão,[2] onde o Rei Gato-do-Mato tinha o seu trono de pedra.

Ao chegar à Clareira, a arara apontou para o jabuti que, juntamente com outros bichos, esperava o rei.

---
2   Jatobá é uma árvore que dá uma baga de casca dura contendo caroços envoltos numa farinha amarela e adocicada. Furando seu tronco pode-se extrair, anualmente, um líquido para uso medicinal, o vinho de jatobá.

— Ladrão! Você roubou nossas jabuticabas! Todas elas! Precisava comer tudo, seu guloso?

O jabuti já sabia o que se passara entre a Arara e o Cateto; a Cambaxirra havia chegado antes da arara e contado tudinho, tim-tim por tim-tim.

— Eu confirmo...

—Ah! — interrompeu a arara toda nervosa — Então você confirma!

O jabuti deu uma gargalhada.

— Eu confirmo é o que o cateto disse. Você é mesmo muito bobinha! Pergunte aos bichos daqui se alguém já viu jabuti subir em árvore! Só mesmo você podia dizer uma bobagem dessas.

— Mas algum bicho roubou! — protestou a arara — E meus parentes estão furiosos, pois todos os anos nós comemos as

jabuticabas lá do pé do morro das macaúbas,[3] mas este ano não encontramos nenhuma! Sumiram todas! Só pode ter sido roubo! A Cobra foi se chegando e resolveu perguntar:

— Mas você sabe se a jabuticabeira deu frutas este ano?

— Bem! — respondeu a arara — Ela dá frutas todos os anos! Não tem jeito! Foram roubadas e eu estou achando que pode ter sido o macaco. Ele tem mesmo cara de ladrão!

— Alto lá! — protestou o macaco — Todos sabem que macacos nem gostam muito de jabuticabas e só as comem se faltar bananas,

---

[3] Macaúba é um coquinho redondo de casca lisa, cuja polpa é muito doce. Fervido com açúcar dá um excelente xarope contra tosse.

mas nossa mata está cheia de bananeiras. Você não sabe disso? Vai chamando todo mundo de ladrão assim sem mais nem menos! Isso é calúnia! Não se pode acusar ninguém sem provas! E, além do mais, quem usa máscara e tem cara de ladrão é o quati, não eu!

O quati deu um pulo e chegou junto do macaco.

— Eu não uso máscara! Minha cara é assim mesmo; foi Deus quem me deu e me orgulho muito dela. Pior é você que tem a cara sempre diferente por causa das caretas que vive fazendo.

Dona Onça, sempre muito sábia, aconselhou:

— Tenham calma! Vamos parar com as ofensas e respeitar os companheiros. Somos todos irmãos e não fica bem estarmos aqui com agressões e acusações injustas. Dona Arara deve parar com esse nervosismo todo e esperar tranquila a solução do problema. Posso garantir que estamos todos do seu lado e também preocupados com esse caso, mas não vamos nos afobar.

Nisso, o rei entrou na clareira e se sentou no trono.

— Que confusão é essa?

— É a arara, Majestade! — informou a garça — Está acusando todo mundo de ladrão. Parece que as jabuticabas lá do morro das macaúbas sumiram e é lá que a arara e toda a parentela se alimentam nesta época do ano.

O rei chamou a cambaxirra e pediu-lhe que fosse olhar a jabuticabeira.

— Eu estava lá quando a arara discutiu com o Cateto, Majestade! — informou ela — Olhei bem e não vi nem sinal de jabuticabas;

o tronco e os galhos estão lisinhos. Não há cascas ou caroços no chão, como se tivessem se evaporado. Parece até coisa do outro mundo!

Os bichos todos se encolheram de medo, sendo o jabuti o primeiro a esconder-se dentro do casco. A cobra se enrolou toda; o macaco subiu para o galho mais alto do jatobá; a garça abriu as asas e começou a correr, dando voltas na clareira com suas pernas finas; o cateto cobriu os olhos e afundou o focinho no chão; o jacaré abriu o berreiro e a araponga[4] tentava gritar, mas

---
4 Araponga é uma ave de porte médio, de voz possante, também conhecida como bigorna.

só saía soluços quando o Gambá soltou um cheiro de arrepiar, o que, naturalmente, fez esvaziar a clareira, com bichos fugindo pra todo lado, incluindo o rei.

Depois que o vento levou o cheiro embora e todos voltaram, Dom Tatu, o Justo, Cavaleiro da Ordem das Tocas Frias e Conselheiro do reino, resolveu interferir:

— Calma, pessoal! Está havendo aqui um mistério, mas garanto que não é nada que não se possa resolver. O outro mundo não tem nada com isso que está acontecendo.

— Tem razão. — concordou a Coruja — Vamos pedir ao nosso Ministro da Saúde, o Senhor Bugio,[5] que vá visitar a jabuticabeira, pois ele é quem mais entende de árvores. Quem sabe descobre alguma coisa.

---

[5] Bugio é uma espécie de macaco robusto.

O Rei Gato-do-Mato, ainda meio tonto por causa do cheiro do Gambá, levantou-se do trono.

— Muito boa lembrança, Dona Coruja. Deve haver alguma pista das jabuticabas e cabe a ele descobrir. Vamos aguardar! E a senhora, Dona Arara, pare de acusar os outros! Na nossa mata não há ladrões! Agora vamos todos deixar a clareira. Quando tivermos alguma informação, vocês tomarão conhecimento.

Dito isto, o rei entrou na Toca Real e os outros foram saindo, mas ninguém ia tranquilo, pois ainda estavam impressionados, com receio das coisas do outro mundo. O Jacaré, no entanto, ainda que tremendo de medo saiu resmungando consigo mesmo:

— Que confusão por causa de umas tais de jabuticabas! Eu nem sei o que é jabuticaba! Também nesta mata ninguém nunca me explica nada.

Mas o mistério das jabuticabas ficou aguardando porque o bugio, sendo já um tanto idoso, caiu de um galho e teve que permanecer em repouso por algum tempo.

Enquanto isso, o caso do sumiço das frutas era discutido em voz baixa por todos os bichos e não faltaram histórias de outros mistérios em que os poderes do outro mundo pareciam bem evidentes.

O medo foi crescendo e alguns bichos nem se atreviam a deixar seus ninhos ou suas tocas. Mas isso não era o pior, pois o medo traz consigo a desconfiança e logo começou uma maledicência geral com cochichos ao pé do ouvido; todos desconfiavam de todos e ninguém escapava de palavras maldosas.

O jacaré, mesmo não sabendo o que era jabuticaba, comentou com a anta que ainda achava que o cateto era o culpado. A anta, por sua vez, apontava a cobra, enquanto que esta olhava com ar atravessado para o macaco e a saracura culpava a o tucano. A sucuri queria,

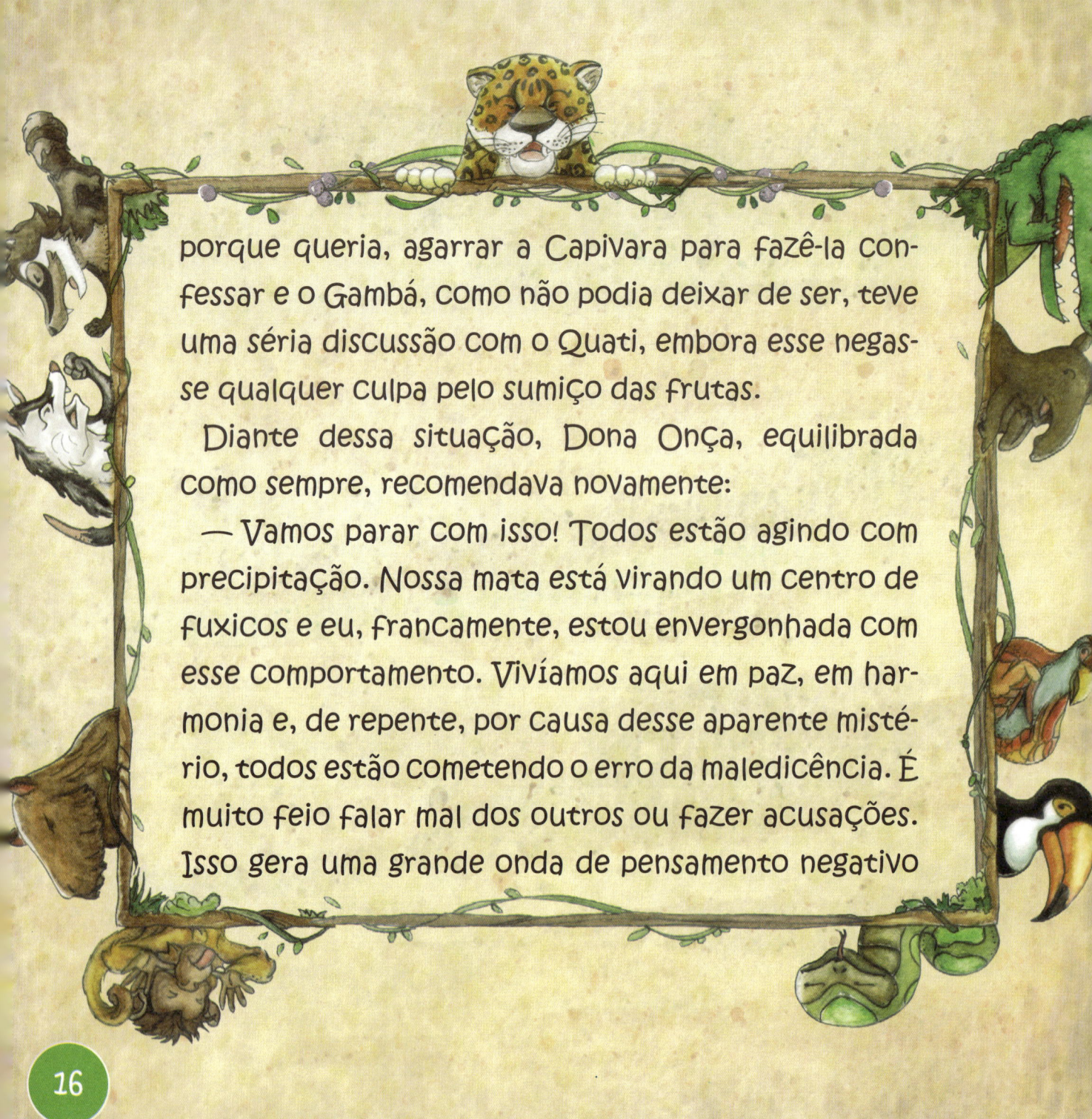

porque queria, agarrar a Capivara para fazê-la confessar e o Gambá, como não podia deixar de ser, teve uma séria discussão com o Quati, embora esse negasse qualquer culpa pelo sumiço das frutas.

Diante dessa situação, Dona Onça, equilibrada como sempre, recomendava novamente:

— Vamos parar com isso! Todos estão agindo com precipitação. Nossa mata está virando um centro de fuxicos e eu, francamente, estou envergonhada com esse comportamento. Vivíamos aqui em paz, em harmonia e, de repente, por causa desse aparente mistério, todos estão cometendo o erro da maledicência. É muito feio falar mal dos outros ou fazer acusações. Isso gera uma grande onda de pensamento negativo que nos faz muito mal. Vamos esperar que o Senhor Bugio fique bom para poder descobrir o que aconteceu. Será que é pedir muito? Vocês perderam a fé em Deus? Ele sempre cuidou de nós todos com muito amor e nunca aconteceu nada que nos prejudicasse.

O único que não se abalava era o camundongo. Ele estufava o peitinho e roncava valentia por todos os pelos:

— Cambada de ignorantes! Todo mundo fazendo fofoca, falando mal dos amigos. Quem não está falando mal é porque está com medo do outro mundo e fica escondido. Esses, além de ignorantes, ainda são covardes. Covardes! Eu não tenho medo de nenhum bicho do outro mundo e, se algum deles aparecer por aqui, dou-lhe umas mordidas; sou capaz de o roer até acabar com ele. Ora já se viu! Repito: eu não tenho medo de nada! Nada!

Para os medrosos, Dona Onça explicava:

— Sabemos que há outros mundos, mas as criaturas dos outros mundos não viriam aqui para nos fazer mal algum;

permitiria. Afinal de contas, temos amigos no plano espiritual tomando conta de nossa mata e ninguém precisa ter medo de nada. Quando todos se acalmarem, vão poder pensar direito e esperar com paciência a resposta do Senhor Bugio que, aliás, dever ser uma resposta lógica.

    Mas, apesar dos conselhos de Dona Onça, alguns bichos ainda se mostravam amedrontados e outros ainda olhavam desconfiados para os amigos. De modo que, enquanto o caso não fosse esclarecido, a confusão continuaria na Mata do Jatobazão.

    Enquanto isso o Jacaré resmungava consigo mesmo:

    — Eu só queria saber o que é jabuticaba; sei que é de comer porque a arara disse que come, mas o que será? Eu não vou perguntar, senão todos vão pensar que sou ignorante. Eu heim!

    O bugio permaneceu em repouso por uma semana, mas, logo que se sentiu bem, partiu para o Morro das Macaúbas a fim de visitar a jabuticabeira e ficou lá o dia todo, voltando somente à noitinha, de modo que as notícias ficaram para o dia seguinte.

No dia seguinte, mal a mata clareava, procurou o rei e o informou de tudo o que havia descoberto. O Rei Gato-do-Mato chamou a cambaxirra e pediu-lhe que procurasse todos os conselheiros imediatamente. Logo depois a avezinha saiu em disparada para cumprir a tarefa e, não demorou muito, os bichos foram chegando; não apenas os conselheiros, mas também os curiosos que queriam saber das novidades.

Quando todos os conselheiros estavam já presentes, o Rei informou:

— O Senhor Bugio descobriu o que aconteceu com as jabuticabas e isso põe fim ao mistério que estava nos preocupando.

— Conte logo, Majestade! — pediu a Coruja — Estamos todos morrendo de curiosidade. Quem foi que roubou as jabuticabas?

— Ninguém roubou, Dona Coruja! — falou o rei — A jabuticabeira está doente, morrendo, e este ano ela não deu fruta alguma.

— Deus do céu! — gritou a arara — E o que vamos fazer? Ela não pode morrer! Vá lá, Majestade, e diga a ela para não morrer; seja duro com ela e dê ordem para que ela não morra! Ela tem que obedecer!

— Dona Arara, — observou o rei, — a senhora está brincando? Então acha que basta dar uma ordem? Ela está precisando é de cuidados. Nós já sabemos a causa da doença, mas é muito difícil, para nós bichos resolvermos o problema.

— Como assim, Majestade? — perguntou Dom Tatu, o Justo — Qual é a causa da doença?

— Água! — informou o rei — O pequeno riacho que passa perto dela secou. Ele foi desviado pelos homens a fim de aumentar a lagoa das traíras.[6] Os homens gostam de pescar, nós sabemos disso.

---
6 Traíra é um peixe de água doce muito apreciado por seu sabor.

— Mas é uma injustiça! — berrou a cobra — Justamente agora que as aves precisam comer, eles matam a jabuticabeira! E pra quê? Pra pescar uns peixes escorregadios? Eu só queria saber de onde vieram esses homens malvados, matadores de jabuticabeiras. – a cobra estava tão irritada que até se esqueceu de fazer biquinho para disfarçar a boca grande demais.

— Eles são da Fazenda das Capivaras. — informou o bugio — Eu os segui de longe e vi quando voltavam da pescaria; foram direto para a fazenda. E tem uma coisa, Dona Cobra: os peixes são escorregadios porque vivem na água. A senhora não deve desprezá-los desse modo; isso é muito feio de sua parte.

A cobra abriu a boca para falar, mas acabou se calando envergonhada.

— Garanto que o dono da fazenda não está sabendo de nada. – afirmou a Coruja – Ele é um ambientalista e seria incapaz de matar uma fruteira. Mas, se a situação é essa, acho que posso fazer alguma coisa, só que vou precisar da ajuda de um velho conhecido nosso. O senhor acha que ainda dá para salvar a jabuticabeira, Senhor Bugio?

— Acredito que sim, Dona Coruja. Ela só precisa de água para reviver, mas é muito urgente. Sem água, ela morre em poucos dias.

— Podemos levar bastante água em folhas de inhame e derramar junto do tronco. – opinou o Macaco – Posso botar toda a macacada carregando água já já. Isso ajuda?

— Não vai adiantar. – respondeu o bugio – Ela está muito seca e seria preciso tanta água que vocês não conseguiriam carregar. É uma árvore enorme e já bem antiga em anos; só mesmo o riacho pode fornecer toda a água que ela precisa.

— Então deixem comigo!

Prontificou-se a coruja – Vou resolver este assunto e é agora!

Dito isto, a coruja levantou voo e foi à procura do papagaio que falava latim,[7] deixando todos de boca aberta e sem entender nada.

— Agora estamos na dependência do que Dona Coruja fizer. – comentou o rei – Vamos cuidar de nossas vidas e aguardar as novidades. Eu confio muito em Dona Coruja; ela sempre sabe o que faz. Deve ter um plano bem esperto para resolver o caso.

E assim, o rei levantou-se do trono de pedra e entrou na Toca Real, enquanto os outros se retiravam ainda preocupados.

A coruja chegou perto do papagaio e foi logo informando:

— Preciso de você para um assunto muito sério. Você vai me ajudar a conversar com um homem.

— Eu? – espantou-se o papagaio – Mas eu não sei falar a língua dos homens! Só aprendi aquelas bobagens em latim e depois aprendi a linguagem dos animais. Como posso falar com um homem?

- Mas você ainda fala latim, não é verdade? Ou já esqueceu?

7 Referência ao livrinho *O papagaio que falava latim*, publicado pela FEB na Coleção TIELOY CONTA UMA HISTÓRIA.

— Não! Eu não esqueci aquele latim todo errado.

— Então, errado ou não, você vai falar outra vez. Vamos embora e fale o que eu disser pra falar. O resto é comigo. Vamos logo! Não vê que é urgente?

Os dois levantaram voo e não demorou muito chegaram à Fazenda das Capivaras. O fazendeiro estava escovando um cavalo, quando viu chegarem juntinhos uma coruja e um papagaio. A coruja ele já conhecia,[8] mas o papagaio não. De repente as duas aves voaram para bem perto dele.

— Adjutorum! Adjutorum! — gritava o papagaio. E os dois voaram em direção à mata.

O homem ficou pasmo e as aves voaram para perto dele novamente.

— Adjutorum! Adjutorum! — repetia o papagaio. E outra vez voaram em direção à mata deixando o homem sem entender nada.

8 Referência ao livrinho *Perigo na mata*, publicado pela FEB.

— *Adjutorum?* Isso parece latim! Esse espertalhão desse papagaio fala latim?

E a cena se repetiu tantas vezes que o fazendeiro desconfiou.

— Parece que estão pedindo ajuda e querem que eu os siga. Que será que está acontecendo? Eu vou seguir na direção que eles querem.

E o fazendeiro seguiu na direção que a coruja e o papagaio queriam, mas a coruja voltou e começou a voar em volta do cavalo.

— Acho que ela quer que eu vá montado. — disse para si próprio — Vou selar o cavalo e ver o querem que eu faça em seguida.

Depois de selar o cavalo, o homem montou e seguiu as aves que voavam baixo rumo à mata. Elas iam em direção ao Morro das Macaúbas que era bem distante dali e, depois de mais de uma hora, chegaram à jabuticabeira onde o papagaio recomeçou a berrar com sua voz esganiçada:

— Adjutorum! Adjutorum! Frutaris morituri! Áqua sumitum est! Adjutorum! Tempus fugit! Carpe dien!

O homem observou a árvore e ficou abismado, comentando com seus botões:

— Esta fruteira está morrendo por falta de água, mas eu já a conhecia e ela sempre carregou de jabuticabas todos os anos. Eu mesmo comia dessas jabuticabas e elas sempre foram muito doces. Aqui passava um riacho que umedecia a terra e alimentava a árvore, mas parece que secou. Por quê? Que aconteceu com a água? – perguntou ele em voz alta.

A coruja chegou bem pertinho do papagaio e cochichou-lhe alguma coisa no ouvido.

Logo em seguida ele começou a berrar com sua voz de cana rachada:

— Desviatum per lacustri! Piscatori desviatum! Malus homini! Desviatum! Desviatum! Adjutorum! Adjutorum! Cogito, ergo sum! Per baco! Morituri te salutanti!

O berreiro era tão alto e esganiçado que o homem teve de tapar os ouvidos, mas entendeu o que o papagaio dizia e pôs-se a seguir riacho acima para ver onde havia sido desviado, de modo

que, depois de quase meia hora, viu uma barreira de troncos e barro desviando a água para outra direção. Caminhou seguindo a água e, pouco depois, viu a lagoa onde dois homens pescavam tranquilamente.

Uma onda de indignação o invadiu, mas sendo de natureza pacífica, procurou se acalmar antes de falar com os homens que, naturalmente, eram seus empregados.

— A pesca está boa? – gritou ele.

Os homens, reconhecendo o patrão, logo se desculparam:

— Estamos aproveitando o domingo para pescar e variar um pouco a comida. Aqui tem traíra à beça. Se o senhor quiser, tem uma vara sobrando.

— Obrigado! — agradeceu — Mas hoje não estou disposto. É que eu vi uma jabuticabeira antiga morrendo por falta de água porque alguém desviou o riacho que passava junto dela. Quem será que fez isso, heim? Vocês sabem? Tem pessoas que fazem as coisas mais absurdas sem pensar nas consequências. Não fazem por mal, eu sei, mas tem bichos por aí que precisam das jabuticabas para se alimentar e eu tenho um grande respeito pelos animais. Não gosto de saber que estão com fome porque alguém da minha fazenda desviou o riacho. Uma jabuticabeira enorme e bem antiga está morrendo por causa disso; nem chegou a dar frutas este ano. Não é uma vergonha?

Os homens estavam de cabeça baixa, muito encabulados.

— Vamos fazer uma coisa. — informou o fazendeiro — Vamos esquecer quem foi o culpado e ajudar a pobre árvore e os bichos que comem as jabuticabas. Vamos fazer o riacho correr novamente no seu leito normal. Eu sei que hoje é domingo, dia de descanso, mas, como isso só pode ter sido feito num domingo, nada mais justo que o conserto seja feito noutro domingo. Além do mais, trata-se de uma obra de muita urgência. Vocês ficam aqui me esperando e vão tratando do que puderem enquanto eu volto à fazenda para chamar mais alguns homens a fim de ajeitarmos as coisas, de modo que um fio de água siga para a lagoa das traíras e uma quantidade maior vá para riacho antigo. Depois de saber o que aconteceu aqui, ninguém vai ter coragem de reclamar.

— Assim, tudo volta ao normal. Eu não fico zangado,

todos poderão pescar e a natureza será preservada. Vocês não acham isso bom?

E lá se foi o fazendeiro, mas, antes de partir, ele ainda olhou para o papagaio e a coruja.

— Obrigado, meus amigos! Foi um ótimo trabalho. Não quero nem saber como tiveram essa ideia, mas que foi genial, ah isso foi! – e o fazendeiro deu uma gargalhada gostosa.

E assim, ele seguiu trotando pelas trilhas da mata e, de longe, ainda podia ouvir a voz do papagaio.

— Deo gratia! Deo gratia! Alea jacta est! Carpe diem! Carpe diem!

Já de tardinha, a coruja comunicava ao rei que os homens tinham consertado as coisas, fazendo o riacho voltar ao seu leito.

— Mas como foi isso, Dona Coruja? — perguntou o rei.

— Não foi muito difícil, Majestade. O nosso amigo papagaio, ao aprender a língua dos animais, não esqueceu as palavras em latim, de modo que eu lhe pedi que repetisse para o fazendeiro as palavras apropriadas enquanto nós voávamos em volta dele e indicávamos o caminho que devia seguir. Ele entendeu e pudemos levá-lo até a jabuticabeira. Como é um homem inteligente, logo compreendeu tudo e tomou as providências necessárias. Não demorou muito, foi e voltou da fazenda trazendo um grupo de homens que se puseram a trabalhar. A barreira foi modificada, de modo que agora há duas saídas de água: uma vai para a lagoa das traíras e outra maior alimenta o riacho que tinha sido desviado. Eu ainda

pude ver quando as águas chegaram até a jabuticabeira. Agora só temos de aguardar e ver se a árvore se recupera, pois água não falta mais.

— Muito bem pensado, Dona Coruja! — falou o rei — Eu não teria pensado nisso e confesso que não sabia como resolver o assunto. É muito difícil para nós animais, nos comunicarmos com os homens. O papagaio que falava latim veio bem a propósito e procurá-lo foi uma ótima idéia.

— Temos que agradecer pelo excelente serviço que esse papagaio nos prestou, Majestade, pois eu conheço as palavras em latim, mas não posso falar a língua dos homens; apenas ele consegue.

Mas, não se incomode, Majestade, — continuou a coruja — ele ficou tão agradecido pela oportunidade de ajudar que afirmou estar feliz da vida e pronto para quando precisarem dele novamente.

— Agora eu estou é com pena do fazendeiro, Dona Coruja. Acho que nós o deixamos encrencado. Como é que ele vai explicar o que houve? Ninguém vai acreditar que uma coruja e um papagaio lhe pediram ajuda para salvar uma árvore. É coisa para contar somente aos filhos e aos netos. Pobre homem!

A coruja deu uma gargalhada.

— Bem! A culpa não é nossa! Vamos deixar o homem resolver esse problema, Majestade, pois agora eu queria lhe sugerir uma coisa: por que não pedir ao Senhor Macaco que procure por aí

alguns caroços de jabuticaba para plantar perto da Lagoa da Sucuri? Daqui uns dez ou doze anos vai ter jabuticaba à vontade para todos se regalarem.

— Grande sugestão, minha amiga! Grande sugestão! Ele tem mesmo pouco o que fazer e isso será, para ele e os parentes, uma boa diversão. Afinal de contas, ele não é o Ministro das Diversões?

Após alguns dias, o Senhor Bugio procurou o rei para informá-lo que a jabuticabeira estava salva; o riacho corria livre e milhares de folhas novinhas cobriam já todos os galhos.

— Acredito, Majestade, que ainda este ano teremos jabuticabas à vontade para alimentar toda a parentela de Dona Arara.

— Será possível? — perguntou o rei — O tempo das jabuticabas já passou.

— Ainda não passou de todo, Majestade, e as jabuticabeiras, quando bem regadas, dão fruta duas e, até mesmo, três vezes por ano.

— Então vamos espalhar a notícia e acabar com o mistério das jabuticabas. Ainda há quem pense que foi coisa do outro mundo. — concluiu o Rei Gato-do-Mato.

Fim

PARA PENSAR

Quando alguma coisa some, podemos ficar acusando os outros?
É certo ter medo do desconhecido achando que é coisa do outro mundo?
Ao ver a natureza em perigo, que devemos fazer?
Se não pudermos ajudar, devemos pedir ajuda a quem pode?
Devemos pedir ajuda só aos conhecidos, ou a qualquer um?
Como você se sente quando salva a vida de um animal ou de uma planta?
O que você faz para proteger a natureza?
O que acontecerá ao nosso Planeta, se a natureza for destruída?

A natureza é severa,
Mas demonstra o seu amor
Na promessa tão sincera
Que há no caule da flor.

Tieloy

Conselho Editorial:
Antonio Cesar Perri de Carvalho – Presidente

Coordenação Editorial:
Geraldo Campetti Sobrinho

Produção Editorial:
Rosiane Dias Rodrigues

Revisão:
Ana Luiza de Jesus Miranda
Elizabete de Jesus Moreira
Renata Alvetti

Capa:
Bruno Azevedo
(Oficina de arte)

Projeto Gráfico e Diagramação:
João Guilherme Andery Tayer

Ilustrações:
Bruno Azevedo
(Oficina de arte)

Normalização Técnica:
Biblioteca de Obras Raras e Documentos Patrimoniais do Livro

Esta edição foi impressa pela Gráfica e Editora Ideal Ltda., Brasília, DF, com tiragem de 1 mil exemplares, todos em formato fechado de 210x210 mm. Os papéis utilizados foram o Couché Brilho 115 g/m² para o miolo e o cartão Supremo 300 g/m² para a capa. O texto principal foi composto em fonte Kristen ITC 15/24.